JN247454

?! 歴史漫画 タイムワープ シリーズ 通史編 **11**

幕末へタイムワープ

マンガ：もとじろう／ストーリー：チーム・ガリレオ／監修：河合 敦

はじめに

　幕末は、今からおよそ160〜150年前の江戸時代の終わり頃のことです。当時日本を治めていた江戸幕府の力が弱まり、幕府を倒して新しい政府をつくりだそうとした激動の時代でした。

　この時代について、学校の授業では、アメリカのペリーが来航したことなどをきっかけに幕府を倒す運動が起き、坂本龍馬や西郷隆盛などが中心となって新しい時代を生み出していく様子を学習します。

　今回のマンガでは、幕末の日本にタイムワープした現代の小学生たちが、幕府を守る新選組や、幕府を倒そうとする勢力の長州藩の人々などとかかわりながら、動乱の時代を体験します。

　幕末はいったい、どんな人々が活躍したのかを、一緒に見てみましょう！

監修者　河合 敦

今回のタイムワープの舞台は…？

年代	時代区分	時代	できごと
4万年前	先史時代	旧石器時代	日本人の祖先が住み着く
2万年前			土器を作り始める
1万年前		縄文時代	貝塚が作られる 米作りが伝わる
2000年前		弥生時代	
1500年前	古代	古墳時代／飛鳥時代	大和朝廷が生まれる
1400年前			
1300年前		奈良時代	平城京が都になる
1200年前			平安京が都になる
1100年前		平安時代	華やかな貴族の時代
1000年前			
900年前			
800年前	中世	鎌倉時代	モンゴル（元）軍が2度攻めてくる
700年前			室町幕府が開かれる
600年前		室町時代	
500年前			金閣や銀閣がつくられる
400年前	近世	安土桃山時代	江戸幕府が開かれる
300年前		江戸時代 **ココ!!**	
200年前			明治維新
100年前	近代	明治時代	大正デモクラシー
		大正時代	
50年前	現代	昭和時代	太平洋戦争 高度経済成長
		平成時代	現代
		令和時代	

米作りが広まる

巨大なお墓（古墳）がつくられる

奈良の大仏がつくられる

鎌倉幕府が開かれる（武士の時代の始まり）

戦国時代

町人文化が盛んになる

文明開化

登場人物

シュン

元気いっぱいの小学生。
勉強は苦手で、
歴史の知識はほとんどゼロ。
ふだんはお調子者だけど、
行動力抜群で、友達思い。
さらわれたノブを
助けるため、必死になって
幕末の世界を駆けめぐる。

ユイ

しっかり者のメガネっ子。
いつでも沈着冷静で、
暴走しがちなシュンを抑える。
歴史好きで、豊富な知識が
幕末でも役立つ。
照れると真っ赤になる、
かわいい面も。

ノブ

気は優しくて力持ちの、憎めない性格。
食いしん坊で、すぐおならをする。
のんびり屋だけど、
いざという時は秘めた力を発揮する。
タイムワープしてすぐに
さらわれて、シュンやユイと
離ればなれになってしまう。

桂小五郎

長州藩士で、
テルが尊敬している。
ノブの怪力に
目をつける。

テル

幕末の世界で
シュンたちと出会った
長州藩士の少年。
ノブを人質として
連れ去る。

土方歳三

京都の治安を守る
「新選組」の副長。
シュンとユイを特別に
隊士として認める。

ハイ
ノブこれ
持って

ユイは
こっち

おもっ…

ずん

いやぁ 助かったよ
これ全部 下に運ばなきゃ
いけないんだよ

どういう
ことよーー!!

どん

そういえば
シュンが…… この前

ハッ

もしやコレ
そのための片付けの
荷物運びってこと!?

オレ
自分の部屋
がほしいんだ
よねーー

ふーん

さーて 何のことやら

この屋根裏部屋を使っていいけどその代わり 荷物の片付けは自分でしてね

うん! いいよ!

ノブに手伝ってもらえばすぐに終わるな!

ニシシシ

さーさーはこんではこんで

呼ばれてないのにくっついてきちゃって……

ヤクッ

私ってバカ!

人ボ 人ボ

てっ てっ てっ

よろしくね〜

まあまあ ふたりともありがとう おいしいもの作っておきますからね

ユルサヌ…

あーっ

ちょっとコレ! 私の歴史マンガじゃない! なくしたと思ったらあんたが持ってたのね!

ハッ しまった…

歴史大スキマンガ

12

何だ？　これ

「時間旅行装置（じかんりょこうそうち）」って何（なん）だ？

タイムマシンってことかしら？

マジか!?
スゲーッ…
しゅるる

……っておい
何（なに）してんの？

パカッ

キャーッ
キャーッ

ユイがおばあさんに〜

わわわ
やめれって！
それ開（あ）けたら……

ワクワク

ぼん

14

懐中時計と巻物?

これがタイムマシン?

カパッ

だ……だめだ
開かないよ
これ
ノブあけてみて……
ムリだと思うけど…

ぐ～

ぎ～

むむ～～!

とほ!

わぁ

来るぞ

おとなしく
しろ！

新選組
って？

マンガで読んだ…

江戸時代に
日本を治めていた
江戸幕府＊を
守る人たちよ

——ってことは
ここは幕末の京都？
私たちの時代から150年以上前
江戸時代の終わり頃
ってことになるわ

＊幕府…武士の世の中で、政治の中心となったところ

24

幕末ってどんな時代?

① 世の中が大きく揺れ動いた時代

幕末とは、今からおよそ160～150年前、江戸時代の終わり頃のことです。

江戸時代は、江戸幕府によって治められていた江戸時代は、およそ260年間も平和が続き、繁栄しました。しかし、江戸時代後半には＊飢饉が続いて物価が上がり、外国の圧倒的な力におびやかされて、人々の不満や不安が高まりました。そこで、日本の将来を心配する若者たちが各地で立ち上がり、やがて力を合わせて幕府を倒し、明治の新政府を樹立します。

幕末とはそんな、世の中が大きく揺れ動いた時代でした。

＊飢饉＝コメなどの農作物が不作なために、食べ物が足りなくなって飢えに苦しむ状態

食べ物が足りなくなるなんてボクが許さない!

② 始まりは「黒船」

幕末の始まりは、「黒船」の来航です。1853（嘉永6）年6月、アメリカの使節・ペリーが、4隻の巨大な軍艦を率いて相模国浦賀（神奈川県）にやってくると、人々はたいへん驚き、黒船と呼んで恐れました。

江戸時代の日本が平和だった理由の一つは、幕府が外国との交流を制限していたからです。また、幕府は大きな船をつくることを禁止していました。このため、当時の人々は黒船のような巨大な軍艦を見たことがありませんでした。黒船は、日本が世界から取り残されていることを、日本の人々に見せつけたのです。

「サスケハナ」の模型
ペリーが乗ってきた蒸気艦
横浜開港資料館蔵

③ 幕府の態度に人々の不満が高まる

黒船に乗ってやってきたペリーは、アメリカ大統領の手紙を幕府に渡し、国を開くよう求めました。アメリカの力を恐れた幕府は、その要求を受け入れ、翌年、日本にとって不利な日米和親条約を結び、港を開いて自由な貿易を行うことを認めてしまいます。イギリスなどヨーロッパの国々もアメリカに続きました。その結果、生糸や茶が輸出され品薄になって物価は上がり、外国の安い製品が大量に入ってきて日本の産業は打撃を受け、人々の暮らしは苦しくなりました。

幕末の日本の港

日米和親条約（1854年）で開港
日米修好通商条約（1858年）で開港を約束

- 箱館（はこだて）
- 新潟（にいがた）
- 兵庫（ひょうご）（実際は神戸）
- 長崎（ながさき）
- 神奈川（かながわ）（実際は横浜）
- 下田（しもだ）（1859年に閉鎖）
- 浦賀（1853年にペリー来航）

幕末のキーパーソン　①
黒船でやってきたアメリカ人

ペリー

★生没年 1794 〜 1858 年
アメリカ海軍の軍人。黒船に乗って日本にやってきて、幕府に国を開くように迫り、日米和親条約を結ぶことに成功した。

横浜開港資料館蔵

2章
ノブを救い出せ！

ノブ〜

——新撰組＊屯所

新撰組屯所

＊屯所＝兵士などが一時的に寝泊まりしているところ

おまえたちの仲間をさらったのは長州藩のやつらだな

チャーシューメンにさらわれた？そんなふしぎなことが……

チャーシューメンじゃなくて長州藩！山口県あたりのことよ

九州

四国

長州藩の連中の中には幕府を倒そうとする者どもがいる！

やつらはこの京都にまでやってきていろいろと悪さをしていたんでオレたちが取り締まっているというわけだ

誠

新選組副長・土方歳三

何イ!!

…………

ノブはそんな悪いやつらにつかまっちまったのか

なっ……何があったんですか?

おまえの仲間を連れ去ったやつの後をつけた者がまだ戻ってきていないというのだ

じゃあノブの居所も……

わからん……拷問など受けていなければよいが……

ゴ……ゴーモン!?

アチチ

30

おまえも見たで
あろう
この者の力を

……はい

桂さん!!

テル！

新選組のやつらに
襲われました！

なんだと！　他の皆は？
そいつはだれだ？

みんなちりぢりに……
私はこの者を人質にして
やっと逃げてきました

きさま
そこで何をしている!!

36

メリ

メリ

やるじゃねえか
おい!

おまえ
スゴイな

これ食べてもいい？

はは

ん〜
おいしい〜
おかわり！

はっ！

何という
力だ

後をつけられる
なんて……

本当に
すみませんでした

もう気にするな！
こんなすごい戦力が
手に入ったのだから
お手柄だ

はっは

焼き揚げ豆腐は
もう
品切れじゃ

ガーン

は……
はあ

さあ これなら
もっと食べていいぞ

ホントに!?
おじさん
いい人だね！

わーい
おまんじゅうだー

幕府に反対した勢力、助けた勢力

① 幕府に反対した「尊王攘夷」派

幕府が外国とのつき合いを増やそうとするのとは反対に、外国人を追い出そうという人たちがいました。この考えが、天皇を尊い存在とする考え（尊王論）と結びついたのが「尊王攘夷」で、日本の尊い王である天皇のもとに人々を結集させ、力を合わせて外国人を追い払おうと運動しました。また、幕府のやり方を激しく攻撃しました。

＊攘夷＝夷（外国）を攘うという意味

この考えが、天皇を尊い存在とする考え（＊攘夷論）の人たちがいました。この考えが、天皇を尊い存在とする考え（尊王論）と結びついたのが「尊王攘夷」で、日本の尊い王である長州藩（山口県）を中心に強まり、

もの知りコラム

江戸時代の全国支配システム
幕府と「藩」

江戸時代、日本各地には、今のような都道府県ではなくさまざまな「藩」があり、藩主（大名）が治めていました。
江戸幕府は、藩を取りつぶしたり、領地を替えたりする力をもっていて、全国の藩を支配していたのです。しかし、幕府の力が弱まった幕末には、力をつけた藩が幕府に反対したり、国の政治に参加したりするようになりました。

もの知りコラム

安政の大獄＆桜田門外の変

幕府と尊王攘夷派の対立が生んだ悲劇

幕府の大老・井伊直弼は、朝廷（天皇）の許しを得ずに日米修好通商条約を結び、将軍の後継ぎを決めました。そして、反対派の人々を厳しく罰し、処刑しました（安政の大獄）。
反対派の人々は激しく怒り、1860（安政7）年3月、江戸城（現在の皇居）の桜田門の外で井伊直弼を襲い、暗殺しました（桜田門外の変）。この事件は、幕府の力がさらに弱まる大きなきっかけになりました。

幕末のキーパーソン ②
暗殺された幕府の大老
井伊直弼

★生没年 1815〜1860年

幕府の大老。天皇の許しを得ずに日米修好通商条約に調印し、反対する人々を取り締まったが、暗殺された。

②幕府を助けた薩摩藩や「新選組」

薩摩藩（鹿児島県）や会津藩（福島県）、土佐藩（高知県）の重臣たちは幕府に反対するのではなく、幕府を助けて政治に参加するようになりました。一方、水戸藩（茨城県）や長州藩は尊王攘夷を主張し、二つの勢力は対立して、やがて激しく争うようになりました。会津藩に属した「新選組」のように、尊王攘夷派を取り締まって幕府を助ける集団もありました（→74ページ）。

もの知りコラム

将軍が天皇の妹と結婚

朝廷と幕府を結びつける「公武合体」政策

井伊直弼が暗殺された後、幕府の中心となった老中・安藤信正は、朝廷（公）と幕府（武）の結びつきを強めて幕府の力を取り戻そうと考え、孝明天皇の妹・和宮を14代将軍・徳川家茂の妻に迎えようとしました。これを「公武合体」といいます。

しかし、結婚相手が決まっていた和宮を強引に将軍と結婚させるというやり方が尊王攘夷派から激しく非難され、1862（文久2）年1月、安藤信正は尊王攘夷派の人たちに江戸城の坂下門の外で襲われてケガをし（坂下門外の変）、地位を失いました。

新選組は幕府の味方で、長州藩は幕府に反対していたんだな

幕府に反対！

長州藩

水戸藩

会津藩

京都（天皇がいるところ）

江戸（幕府があるところ）

新選組

薩摩藩

土佐藩

幕府を助けろ！

1863年頃の情勢

3章
ノブの居場所を突き止めた！

桂！　オレは認めねえぞ！

こんなやつを仲間に入れるなど！　敵のまわし者かもしれんのに──

わ──食べやすい大きさだ♡

ヒゲのおじさんありがとう！

モグモグ

・・・・・・・・・

44

食料もたくわえておかねばならんのだ！今食べられるものを食べておかなくちゃ

食べ物をたくわえておかねばならんのだ！

あっ！おまえまんじゅうほとんど食っちまいやがったな

だって

出されたものはすぐ食べなくちゃ〜

桂さん……ちょっと相談があるんだが……

この顔の男の子知りませんか？

人びと力コもち

ああっ これとそっくりな子を
角のうどん屋あたりで
見かけたよ

ホント!?

くそーっ
からかわれた〜

あーん

でーんっ

まねきねこ…

福

もう足が
棒になっちまった
ぜ〜

ん？

は───っ

ぺたん

足が棒になったら
当たり棒見つけた——!!

しかも みんな大好きなアイス
「シャリシャリちゃん」の
当たり棒だ——っ

あたり ◉ もう一本どうぞ

シュンしたら まったく子どもね
そんなことで喜んで

ユイ！
「シャリシャリちゃん」を
バカにするなよ！

「シャリシャリちゃん」は
いろんな味があるアイスで
全国の少年少女に大人気なんだぞ！
ちなみにオレは「コーラ味」イチオシ！

コーラ
バナナ
イチゴ
キノコ

でも……
何で「シャリ
シャリちゃん」の
当たり棒がココに？

・・・

ここは150年以上前の京都！
スーパーもコンビニもない！

なのにここに「シャリシャリちゃん」の当たり棒があるってことは……

そうよシュン！めずらしくさえてるじゃ……

そっち〜

この当たり棒アイスと引き換えられないじゃん

じゃなくて！この時代でこれを落とした可能性があるのは

私たち以外にはノブしかいないってことよ！

あそっか

——となると怪しいのは当たり棒が落ちてた場所の真ん前にあるこの家か——

あれ？
だれもいない……

確かにだれかが
大声を出していた
ようだったが……

ユイ！
何すんだよ！
あいつらやっつけて
ノブを助けようと
思ったのに！

シュンは
バカなの？
あんな大勢の大人
相手に勝てるわけ
ないでしょ？

でも
ノブが——

じゃり

シュン！ユイ！
何をしている!?

あっ！
土方さん！！

ノブはきっとここに
いるはずなんです！

ノブが持っていたものが
ココに落ちてたの！

どうやら ここは
長州藩のやつらの隠れ家の
ようだな

なるほど

土方さん!
すぐに乗り込みましょう!

長州藩の
やつらをやっつける
またとない機会ですよ!

それに……

――…
そうだな

54

56

長州藩の人材を育てた松下村塾

① 「松下村塾」から総理大臣がふたり誕生

幕末、長州藩では、吉田松陰が「松下村塾」で、下級武士や庶民の若者らに尊王攘夷思想などを教えました。

高杉晋作のほか、のちに総理大臣となる伊藤博文、山県有朋も教わりました。桂小五郎（木戸孝允）は弟子ではありませんが、影響を受けました。

そんな松陰の教え子たちの熱意に突き動かされる形で、藩の考えも尊王攘夷になりました。

幕末のキーパーソン ③
「松下村塾」で人材育成
吉田松陰

★生没年 1830～1859年

長州藩の藩士、教育者・思想家。「松下村塾」で高杉晋作や伊藤博文らを育てたが、幕府の政策を批判し、安政の大獄で死罪に。

国立国会図書館ＨＰから

もの知りコラム
泣いたり怒ったり 松陰先生の白熱教室

松下村塾は身分を問わずだれでも勉強できる学校でした。決まった教科書も時間割もなく、生徒は好きな時に来て、自分に合った教科書を選び、松陰先生が一人ひとりに合った指導をしました。松陰先生が特に力を入れたのが歴史の勉強で、自分が歴史上の人物になりきって、泣いたり怒ったりしながら授業をしたそうです。

私も松陰先生に教わりたい！

「松下村塾」として使われていた建物

写真：朝日新聞社

幕末のキーパーソン 5

明治政府でも活躍
桂小五郎（木戸孝允）

★生没年 1833 ～ 1877 年
長州藩の藩士。藩の尊王攘夷運動のリーダー
格として、薩摩藩と「薩長連合」を結ぶ。明
治政府でも役人として活躍した。

国立国会図書館ＨＰから

幕末のキーパーソン 4

「奇兵隊」生みの親
高杉晋作

★生没年 1839 ～ 1867 年
長州藩の藩士。松下村塾に学び、尊王攘夷運
動の活動家になって「奇兵隊」を組織。藩の
方針を尊王攘夷へと方針転換させた。

国立国会図書館ＨＰから

幕末のキーパーソン 7

日本陸軍の基礎をつくった
山県有朋

★生没年 1838 ～ 1922 年
長州藩の下級武士の家に生まれ、21歳で松
下村塾に入門。明治政府では日本陸軍の基礎
をつくり、総理大臣に２回就任した。

国立国会図書館ＨＰから

幕末のキーパーソン 6

日本最初の総理大臣
伊藤博文

★生没年 1841 ～ 1909 年
長州藩の農民出身（後に下級武士の養子）で、
17歳で松下村塾に入門。明治政府で内閣制
度がつくられ、初代総理大臣となった。

国立国会図書館ＨＰから

4章 ノブが消えた！？

火鉢よ
おもちとか
焼いたりする
道具

これ何だ？

新選組である！

長州藩の者ども！
おとなしく出てこい！

ノブ──‼

どこなの──！

新選組……
やっかいな連中に
攻め込まれたな

ここは
ひとまず
退却しま
しょう

む…

ドーン

ドドド

おっ……おまえも
タンタンメンの一味か!?

タンタン?

オレは桂と
いうものだが……

あっ 違った!
タンタンメンじゃない!
チャーシューメンだ!!

スマン

シュン……
それも
違うけどね

長州藩
だってば

さては おぼえる気がないでしょ!

うるさい ユイ!
そんなことは
どうでもいい!
おまえら 幕府を
倒そうとしている
悪いやつらなんだ
ろ!?

幕府を倒そうとは
思っているが……

悪いやつらでは
ないぞ

64

ギラン

我らはこの日本を外国から守るために決起しているのだ

そっ……そんなことはどーでもいい！

新選組きちゃうぞ

そんな話を聞いてるヒマはないんだ‼ノブはどこだ⁉

まったくシュンはなんでもどーでもいいのね～

ノブ……ああ！あの体が大きくて力が強くて食いしん坊の子どもか！

やっぱりノブを知ってるのね‼

あいつもこれが好きでな！軽く20皿は食べてしまいよった

それでノブはどこにいるの⁉

わかるわかる！

残念ながら
もうここには
いないぞ

ウソだ!!

さっきのオナラの
音はノブのだったぞ

シュンの言うとおりよ
この状況であんな
オナラができるのは……

あれはオレの
オナラだ……いや
失敬失敬

ちょっと待て
そこまで臭くないだろう

へ?

でも
桂さんは
ノブは無事だって
言ってたじゃない？

はーっ

ユイ……ノブは
どこ行っちまったん
だろうな

でも
悪い人には
見えなかったわ
ノブもちゃんと食べ物は
もらってたみたいだし

しかもたっぷり

ユイはあんな
チャーシューメンの
言うこと
信用するのかよ！

新選組って何？

① 京都で尊王攘夷派を取り締まった

幕末の京都では、尊王攘夷派が騒動を起こしていました。そこで、京都の治安を守るために組織されたのが新選組です。

新選組のメンバーには、武士でなくてもなれました。局長の近藤勇や副長の土方歳三も武蔵国多摩郡（東京都西部）の農民出身です。彼らは武士になりたいとあこがれ、任務に励んだそうです。

もの知りコラム

破ると切腹！「局中法度」

新選組の厳しい姿勢は敵の尊王攘夷派だけでなく仲間にも向けられました。「局中法度」という厳しい規則がつくられ、破った者は切腹させられました。

一、士道ニ背キ間敷事（武士の生き方に背かぬこと）

一、局ヲ脱スルヲ不許（新選組を勝手にやめぬこと）

一、勝手ニ金策致不可（勝手に活動資金を集めぬこと）

一、勝手ニ訴訟取扱不可（勝手にもめごとを扱わぬこと）

幕末のキーパーソン 9

新選組の「鬼の副長」

土方歳三

★生没年 1835～1869年

新選組の副長として局長の近藤勇を支え、ルール破りを許さない厳しい性格から「鬼の副長」といわれた。新政府軍との戦いで戦死。

国立国会図書館HPから

幕末のキーパーソン 8

幕臣となった新選組の局長

近藤勇

★生没年 1834～1868年

武蔵国の農民出身で、新選組の局長として活躍し、幕臣となった。のちに新政府軍との戦いに敗れ、処刑された。

国立国会図書館HPから

② 池田屋事件で名を上げる

新選組が知られるようになったきっかけは、1864（元治1）年6月の池田屋事件でした。

尊王攘夷派が幕府の重要人物の暗殺や天皇の誘拐を計画していると知った新選組は、尊王攘夷派が集まっていた京都の旅館・池田屋に踏み込んだのです。約2時間に及ぶ壮絶な戦いの末に、新選組は尊王攘夷派に大打撃を与えました。

③ 武士として幕府のために尽くす

結成から4年後の1867（慶応3）年6月、新選組は幕臣、つまり幕府の家臣として取り立てられました。「武士になる」という夢がかなった近藤勇や土方歳三らは喜び、幕府のために命がけで働きました。

その後、幕府の力はますます弱まり、やがて新政府軍に敗れますが、新選組は最後まで幕府（徳川家）のために戦いました。そうした姿勢が人々の共感を呼び、新選組は今でも高い人気があります。

私が着てる水色と白の山形の模様の隊服も、新選組の証しね

新選組の袖章

「新選組」の隊士が袖につけて、隊士である証しとした

霊山歴史館蔵

5章
火の海の中で

そ……
そんなんじゃないっ！

泣けばいいって
もんじゃないんだぞっ

なんだよっ
自分がピンチの時になると
すぐ泣いちゃってよっ

あっ……
ゴメン
痛かった？

弱気か！

81

新選組をかばうとは……
テル……やはりきさまも
新選組のまわし者だったのか

そうじゃない!!

ギリリ

では なぜ
そいつらをかばう!?

こいつらは
ノブの仲間だからだ!

そのノブこそが
怪しいやつではないかっ

84

いっど待てぃ!!

京都を舞台に勢力争い

① 薩摩藩が朝廷の信頼を得る

幕末、政治の争いの舞台となったのが、当時、天皇がいた京都でした。幕府に反対する者たちも、助けようとする者たちも、朝廷（天皇）の力が必要だと考えたのです。

薩摩藩主の父・島津久光は、公武合体の立場から幕府に改革を迫ります。幕府はこれを受け入れますが、その際、京都の治安を守る京都守護職をつくり、会津藩主の松平容保を任命しました。新選組も京都守護職の元で活動しました。

② 勢力を伸ばしてきた長州藩

一方で、長州藩の尊王攘夷派の者たちは、力を強めた朝廷の一部の公家と手を結んで、実権を握ります。彼らは攘夷の決行を幕府に迫り、幕府もしぶぶこれを受け入れざるを得なくなりました。

尊王攘夷論　公武合体論

長州　朝廷　薩摩　会津　幕府

対立

朝廷と手を結んで実権を握り、攘夷を進めようとする

公武合体の立場から、朝廷と幕府を結びつけようとする

③ 薩摩藩・会津藩が長州藩追放！

しかし、朝廷の中では、長州藩の過激な考えに対する反発の声が次第に大きくなっていました。

そこで、薩摩藩と会津藩は、天皇の許可を得たうえで、密かに朝廷内部の別の勢力と手を結んで長州藩を追い落とす機会をうかがいました。そして、1863（文久3）年8月に、長州藩の勢力と朝廷内の尊王攘夷派の公家を追放することに成功しました（八月十八日の政変）。

④ 長州藩がばん回を狙うが失敗

朝廷から追放された長州藩の中には、戦って力を取り戻そうと考える者たちがいました。桂小五郎や高杉晋作は、やめるように説得をしましたが聞き入れられず、1864（元治1）年7月、長州藩の軍が京都を攻めて、天皇の住む御所を守る薩摩・会津両藩などの軍と衝突しました。京都の町が火の海となる大騒ぎの末に、長州藩は敗れ、朝廷に刃向かう「朝敵」とされてしまいました（禁門の変）。

オレたちは、禁門の変に巻き込まれたんだな

禁門の変を描いたかわら版（江戸時代の新聞）　京都市歴史資料館蔵

6章
ノブを追え！

長州藩士はあんなやつらばかりじゃない!

桂先生や高杉先生はあいつらを止めようとしていたんだ!

でも——

ハッ

それよりもノブはどこに行ったの!? テルは知ってるんでしょ?

そうだよ テル! 教えろよ!

いろいろと事情がありそうだな

話を聞かせてもらおうか

なるほどな……

おまえは長州藩の中でも
暴走するやつらを
止めようとしたが
かなわなかった

そして　おまえたちは
ノブという仲間を捜している
と……

コク

コク

テル
ノブはどこに行ったの?

もう
いいかげんに
教えよ

ノブは……

長州に
行った

チャーシュー
メン作りの
修業か!

どうして?

桂さん……

どういうことだ？

オレはあいつを
長州に連れて
いこうと思う

世の中を変えるには
武士だけでは足りない

だからオレは
農民や町人たちを集めて
いろいろな部隊を持った

「奇兵隊」ですね！

奇兵隊ばかりではないぞ
中には相撲取りを集めた
「力士隊」というのもある

こいつをそこに
入れようと思うのだ

なるほどな

船！？

船なら早く着くでごわす

シュンがシュン……

そ……そうか

坂本龍馬に会えるのね!!

まず、この紹介状を持って坂本龍馬という男に会いにいくといいでごわす

サラサラ……

オレも……一緒に行かせてくれっ

リョウマ？何かカッコイイ名前だな

シュンてば坂本龍馬も知らないの？超有名な土佐藩……高知県出身の志士よ！

うそっ

102

しかたねえな

あの反乱で長州藩が敗れた以上京にもいられない…

それに…ノブのことも気になる

たのむっ

……まあ何とかなるか

よし！そうと決まれば出発だ！

西郷さんありがとう！

気をつけてな～

おまえたち その新選組の羽織は脱いでったほうが…

ハッ

104

薩摩藩とイギリス

① 新時代を開く中心に

薩摩藩は改革に成功し、幕末、大きな影響力を持ち、西郷隆盛や大久保利通などの人材が育って、新しい時代をつくる中心的な役割を果たしました。

そんな薩摩藩が新政府をつくるきっかけの一つとなったのが、イギリスとの関係です。

② 国際問題に発展した生麦事件

1862（文久2）年8月、武蔵国生麦（神奈川県）で、島津久光の行列を、馬に乗ったイギリス商人ら4人が乱しました。当時の日本ではとても無礼なことだったので、藩士が刀で切りつけ、ひとりが亡くなりました（生麦事件）。

幕府はイギリスの求めに応じて賠償金を支払いました。薩摩藩はイギリスから賠償金と犯人の処罰を求められましたが、どちらも応じませんでした。

幕末のキーパーソン ⑪
近代日本をつくった男
大久保利通

★生没年 1830 ～ 1878 年
薩摩藩の藩士。尊王攘夷運動に参加。明治政府の実力者として活躍し、日本の近代化に大きく貢献した。

国立国会図書館ＨＰから

幕末のキーパーソン ⑩
明治維新の立役者
西郷隆盛

★生没年 1828 ～ 1877 年
薩摩藩の藩士。新政府軍として江戸城無血開城を成しとげるなど、明治維新に大きな役割を果たした。

国立国会図書館ＨＰから

③ 薩摩藩とイギリスが戦争した！

1863（文久3）年7月、イギリス艦隊が鹿児島へ向かい、改めて賠償金と犯人の引き渡しを要求しました。しかし、薩摩藩は応じず、生麦事件の報復としてイギリスが攻撃をしかけ、戦いが起きました（薩英戦争）。

薩摩藩も奮戦してイギリスを苦しめますが、3日間の戦闘の後に和解して賠償金を支払いました。イギリス艦隊の大砲の威力はすさまじく、鹿児島の町は大きな被害を受けました。

薩英戦争で使われた薩摩藩の砲弾（左）とイギリスの砲弾　　尚古集成館蔵

④ 戦後強まったイギリスとの関係

イギリスとの戦争で、薩摩藩は、日本がヨーロッパやアメリカ（西洋）に比べて軍事力が劣っていて、今の力では攘夷は無理だと思い知らされました。一方で、イギリス側も、薩摩藩の強さを知ることになりました。

こうして、この戦争をきっかけに、薩摩藩はイギリスと密かに結びつき、最新式の武器を輸入するなどして、力を蓄えていくことになりました。

ケンカした相手と仲良くなるってこと、あるよな！

蒸気船は石炭やマキを燃やして動くのよ

新選組の羽織を着ておったからてっきりワシをつかまえにきたと思うての

ハハハハ

すまんすまん

ちょっとイタズラしてしもうた

もーカンベンしてよっ

つかまえに……？

ともかく！西郷さんの頼みとあっては引き受けんわけにはいかんのう

長崎に行く船に乗せて途中で降ろしちゃろう

やったやー!!

108

ただし……

なんですか？

ただで
というのは
虫がよすぎる

ちっちっちっ

えー!?
オレたち お金なんて
持ってないよ

え—!?

ならばその分
しっかりと船で働いて
もらおうか

やれるかな？

見ろ！
あれがワシたちの
乗る——

はい！

おまえたち よう働いて くれたの！

ずっとこの船に いてほしいくらいじゃ

ヘヘヘっ

フフ

あの……ずっと 気になっていたんです けど

ん？ なんじゃ？

私たちが京都で 龍馬さんに会いにいった時 新選組がつかまえにきたと 思ったのは なぜですか？

そりゃあ ワシが 幕府のやることに反対して 新選組に目の敵に されている からじゃ

どうして 反対してるの？

うむ……日本はアメリカや イギリスに比べて ずっと遅れとる

そして 幕府はやつらの いいなりになっとる

長州藩の
とある港

達者でな！

龍馬さんも
元気でね！

116

なっ……何だ!?
あれは

どしたっ

キョロ キョロ

なっ……何?

西洋から学び始めた日本

① ペリーのおみやげにびっくり！

幕末、アメリカやイギリスなどとつき合い始めたことは、西洋の進んだ文明を日本が知るきっかけになりました。

ペリーは日本にやってきた時、おみやげとして実際の4分の1の大きさの蒸気機関車や、電信機、望遠鏡などをもってきていました。見たこともない品々に幕府の役人たちは大喜び。実際にその機関車を走らせた時は、彼らは興味津々で機関車の屋根にまたがり乗車したそうです。

当時の日本では、乗り物といえば馬や人が担ぐカゴぐらいだったそうよ

それじゃあはしゃいでも仕方ないよな

② 軍事力を強化

自分たちが遅れていることを知った日本人は、西洋の進んだ文明を学び始めました。

最初に力を入れたのは、外国から攻められた時に備えるための軍事力の強化です。幕府は大砲製造工場をつくったり、神戸海軍操練所を開いて勝海舟からの指導で船乗りを育成したりしました。薩摩藩や佐賀藩（佐賀県）も独自に大砲製造などに取り組みました。

幕末のキーパーソン 12
咸臨丸で海を渡った
勝　海舟

★生没年 1823 〜 1899 年

幕府の役人。咸臨丸に乗ってアメリカに渡り、帰国後、軍艦奉行に。幕府滅亡の際は新政府軍と交渉し、江戸を戦火から救った。

国立国会図書館ＨＰから

③ 「貿易」に目をつけた坂本龍馬

外国と取引をする「貿易」に目をつけたのが坂本龍馬です。

勝海舟から、「日本を外国に負けない国にするには、船を動かせる船員を育てるべきだ」と聞かされ、感動しました。そして、神戸海軍操練所で航海術を学び、後に長崎で日本初の商社とされる亀山社中（後の海援隊）をつくって、薩摩藩の援助で海運業を行いました。

幕末のキーパーソン 13
明治維新の風雲児
坂本龍馬

★生没年 1836〜1867年
土佐藩の藩士。脱藩して勝海舟の弟子となって航海術を学び、長崎で亀山社中を設立。薩長連合の成立にも力を尽くした。

国立国会図書館ＨＰから

④ 海を渡った者たちもいた！

自ら外国に渡り、学んだ者たちもいました。

幕府は、アメリカに使節を送る時に勝海舟などを咸臨丸でアメリカに派遣したほか、若者たちをオランダやイギリスに留学させて、西洋の政治や経済などを学ばせました。また、長州藩や薩摩藩も独自に若者を留学させました。外国に留学して進んだ文明をその目で見た若者たちが、後に新しい世の中をつくるために大きな役割を果たしました。

エジプトのスフィンクスの前で記念写真を撮る幕府の役人たち。幕府の使節としてフランスに行く途中、エジプトに立ち寄った

『日本人（第3次）』34号から

8章
ノブ、危機一髪！

アメリカ……
フランス……
オランダ……

イギリスも！
外国船が長州藩を
攻撃してる！

テル！
何で長州の大砲は
反撃しないんだよ！？

やられちゃうぞ！

うるさい！シュン

これからさ！
長州の力を
見るがいい！

125

127

128

……

ワイ ワイ

ボクの
オニギリが……

コゲ
オニギリに……

オレたちの
砲台が……

占領された…

……
外国との力の差は
こんなにあるのか

まったくだ

ノブ無事でよかった〜
ありがと

ではこれでも食うか？

ははは

そんなことよりオニギリが……

我らはアメリカやイギリスに比べてずっと遅れている……

しかし 幕府のように言いなりになっていてはいかん！

日本も外国に負けない国に生まれ変わらないとな……

あれ？ そのセリフどこかで聞いたような……

龍馬さんよ！ 龍馬さんも同じことを言ってたわ

そうか 龍馬もな……

まったく
心配かけやがって！

とにかくノブが
無事でよかった！

じゃあ 元の世界へ
帰りましょ！

ノブ あの時計
貸して！

？
時計？

ほら！ うちで見つけた
古い懐中時計だよ

ここに書いて
あるとおりにすれば
あの時計を使って
元の世界に戻れるのよ

攘夷から倒幕へ

① 長州藩、外国の軍隊に完敗

長州藩は攘夷を実行に移して、外国の船を攻撃しました。その仕返しとして、イギリス・フランス・アメリカ・オランダの連合艦隊が1864（元治1）年8月に下関（山口県）の長州藩の砲台を攻撃しました（四国艦隊下関砲撃事件）。

長州藩も反撃しましたが、軍事力の差は圧倒的で、大きな被害を受けました。

もの知りコラム

罪人のはずが表舞台へ
交渉役を務めた高杉晋作

長州藩が四国艦隊に砲撃されて和解の話し合いをする時、交渉役に選ばれたのが高杉晋作でした。この時、高杉晋作は勝手に藩を離れた罪で謹慎中でしたが、このピンチを救えるのは彼しかいないと抜擢されたのです。賠償金を要求された時には、「攘夷は幕府の命令で行ったものだ」と言い放つなどさまざまな手を使って交渉をまとめ、長州藩をピンチから救いました。

外国軍に占拠された長州藩の砲台

横浜開港資料館蔵

② 攘夷をやめて幕府に降参

四国艦隊下関砲撃事件が起きた頃、長州藩は幕府軍からも攻められていました（第1次長州征討）。ちょうど、長州藩が京都を追われていた頃のことで、幕府はこれを機に、さらに長州藩をこらしめようとしたのです。

禁門の変で敗れ、外国の軍隊の強さを知ったことで、尊王攘夷派が力を失っていた長州藩は幕府に従うように考えを改め、戦わずに降参しました。

③ 倒幕派が実権を握る

そんな藩の方針を、高杉晋作は不満に思いました。

そこで、高杉晋作が「奇兵隊」を率いて長州藩の中で反乱を起こし、実権を握りました。

外国の力は圧倒的で、攘夷は難しいと悟った高杉晋作や桂小五郎は「日本を外国に支配されないためには、西洋のような近代国家をつくる必要がある。そのためには、幕府を倒す（倒幕）べきだ」と考えたのです。

ボクは体が大きくて力持ちだったから「力士隊」に誘われたんだな

🎓 もの知りコラム

高杉晋作がつくった画期的な軍隊「奇兵隊」や「力士隊」が活躍

江戸時代は、戦いに参加するのは武士に限られていました。

しかし、高杉晋作は、身分にかかわらず農民や商人からも募集した「奇兵隊」をつくりました。これをきっかけに、長州藩では相撲取りが集まった「力士隊」など、庶民の軍隊がいくつも生まれ、倒幕の大きな力になりました。

9章
時計を取り戻せ！

桂さんにあげたって
……また どうして？

うん……
それはねえ……

では ノブ
一緒に長州に
行くとしよう

短い間だったが
楽しかったぞ

138

142

町でシュンとユイを
見かけたら 桂を捜している
ようだったんでな
後をつけてきたのだ

どうして
ここに!?

土方さん!!

ふっはっはっはっ

147

ははは
そうか
そうか

それで オレを捜して
おったのか！ それは
悪いことをしたな

しかし 龍馬に会って
船で長州へ向かうなど
おまえたちも
相当な強運の持ち主だな

――というわけなので
時計を返してもらって
いいですか？

ああ

もちろんだ！
まちと残念では
あるがな

ありがとう
ございます♡

これで
元の世界へ
帰れるぜ！

イェー

このあたりじゃねえか？
オレたちが落ちてきた
のは……

そうね

時計を0時ちょうどに
合わせて しっかりとフタを
して またフタを開ければ
元の世界に戻るって
書いてあるわ

がぎぎ
ぐぐ
げげ

……ノブ
ちょっと
開けてみ？

最初から
たのめばいいのに…

うん

でもユイ
その足……

そうよだって
タイムワープだなんて〜

3人で
同じ夢みるのも
スゴイけど〜

あれ？

こっ……
これはきっと
屋根裏部屋に
あった……

ふーん……

そんなのなかったけど

ズズリっ

〜？

やっぱりタイムワープ
したんだよ！
面白かったよなー
蒸気船乗ったりさ

でもやっぱり
なんといっても
焼き揚げ豆腐だね！

うん、うん

江戸幕府の終わり

① 幕府が再び長州藩に兵を送った

高杉晋作らが実権を握った長州藩は、再び幕府と敵対するようになりました。怒った幕府は再び長州藩に兵を送りました（第2次長州征討）。

幕府は、薩摩藩にも長州藩と戦うよう求めました。しかし、薩摩藩は応じませんでした。薩摩藩はイギリスと戦争して、その強さを実感していました。そこで、長州藩と同じく「日本が外国に支配されないためには、近代国家をつくるべき」と考えるようになっていたのです。意見が合った長州藩と薩摩藩は、手を結びました（薩長連合）。

もの知りコラム

庶民も幕府への不満が高まる
「ええじゃないか」が大流行

物価が上がって生活は苦しくなり、政治の争いが激しくなると、農民たちの間にも幕府への不満が高まり、世直しを叫ぶ一揆が起こりました。

そんな時、ご利益のある伊勢神宮などのお札が降ってきたことから、人々が「ええじゃないか」とはやしたてながら踊るさわぎが、各地で大流行しました。力が弱まっていた幕府は、これを抑えられませんでした。

「ええじゃないか」の様子を描いた絵
国立国会図書館 HP から

② 幕府から政権返上を提案

長州藩と薩摩藩が手を結んだことで、長州征討は失敗に終わりました。勢いに乗る長州藩と薩摩藩は、幕府を倒すことを決意しました。これを知った15代将軍・徳川慶喜は、このままでは不利だと考え、1867（慶応3）年10月、戦いになる前に自分から朝廷に政権を返しました（大政奉還）。

③ 薩長中心の政府ができた！

徳川慶喜が自分から政権を返したのは、そうすれば、新しくできる天皇中心の政府でも、徳川家が中心になると考えたからです。

しかし、これを警戒した長州藩と薩摩藩は、いち早く朝廷を動かして、天皇を中心とした政府をつくり（王政復古の大号令）、徳川家を政権に入れないことにしたのです。こうして、江戸幕府の260年以上の歴史が終わりを告げました。

これも日本の将来のためじゃき！

龍馬さん、カッコイイ！

もの知りコラム

坂本龍馬が薩長の「仲人役」

長年のうらみを水に流そう！

幕府を倒す考えが一致した長州藩と薩摩藩ですが、すぐには手を結びませんでした。これまでの争いが原因で、2つの藩は仲が悪かったのです。

そこで、両藩の「仲人役」となったのが坂本龍馬です。長州藩の高杉晋作や桂小五郎とも、薩摩藩の西郷隆盛とも親しかった坂本龍馬は、「日本の将来のためには、昔のうらみは水に流すべし」と彼らを説得し、「薩長連合」を実現させました。

教えて!! 河合先生

ぼくといっしょに、
タイムワープの冒険を振り返ろう。
マンガの裏話や、時代にまつわる
おもしろ話も紹介するよ!

歴史研究家：河合 敦先生

①

幕末
ヒトコマ
博物館

桜田事変絵巻（襲撃場面、部分）
大老・井伊直弼の駕籠が水戸浪士らに襲撃された
場面。この作品は、事件からそれほど年数が経っ
ていない明治時代に描かれたと推測されている

彦根城博物館蔵　画像提供：彦根城博物館／DNPartcom

駕籠に乗って
いるのが
井伊直弼だね

幕府のトップ・井伊直弼が殺された「桜田門外の変」

河合先生：江戸時代の後半、黒船でペリー（→27ページ）がやってくると、日本国内は「攘夷」（外国人を追い払おうという考え）か「開国」かで大いにもめたんだ。

ユイ：結局、幕府は開国したのよね。

河合先生：そうだね。幕府はアメリカなど西洋諸国の軍事力の強さを知っていたから、開国しなければ、攻め込まれて敗れる危険性もあると考えたんだよ。

シュン：敗れるくらいなら、開国したほうがいいかもな……。

河合先生：でも、そう考えない人もたくさんいたよ。幕府の大老・井伊直弼がアメリカと日米修好通商条約を結んだ時は、多くの反対の声があがった。それを直弼は弾圧して、処刑まで行ったんだ。

ノブ：反対した人を殺すの?

河合先生：うん。だから直弼はますます人々の反発を買って、ついに暗殺されてし

まったんだ。それが右の絵で描かれた「桜田門外の変」という事件だよ。

直弼が行った反対派の処罰を「安政の大獄」というのよ

18人の浪士で60人あまりの行列を襲った

河合先生：1860（安政7）年3月3日、江戸城に出勤する直弼の駕籠が、桜田門（江戸城の門のひとつ）に近づいた時、主に水戸藩（茨城県）の浪士ら18人が襲いかかった。そして、直弼を殺してしまったんだ。

ユイ：怖い事件ね……。

河合先生：そうだね。でもこの時、直弼の行列には26人の武士と、草履取りや駕籠かき、足軽など全員で60人あまりのお供がいたんだよ。

ノブ：そんなにいたのに、たった18人にやられちゃったの? みんなおなかすいて、力が出なかったのかな?

河合先生：この日は雪でね、お供の武士たちの刀には雪よけのおおいがしてあった。だから、すぐに刀を抜くことができなかったんだ。

シュン：あらら……それじゃダメだ。

河合先生：幕府のトップが殺されるなんて、それまでには決してなかったことだから、みんなが幕府の力の衰えに気づいた。それで公武合体や尊王攘夷（→42ページ）の動きが高まっていったんだ。

争いごとはきらいだよ

幕末 ビックリ 報告

幕府の滅亡後も戦い続けた 新選組と土方歳三の最期

新政府軍と旧幕府軍とで戦いが起こった!

1867（慶応3）年、幕府の15代将軍・徳川慶喜が政権を朝廷に返して（大政奉還）、江戸幕府はなくなりました。でも、それですんなり新政府へとバトンタッチできたわけではありませんでした。

新政府側は、徳川家が新政府に参加することを許さなかったので、それに怒った旧幕臣や会津藩（福島県）・桑名藩（三重県）、さらに東北を中心とした諸藩と、新政府軍との間で戦いが起こったのです。これを戊辰戦争といいます。

- ❶1863（文久3）年2月 浪士組に参加して京へ
- ❷京で新選組副長として活動
- ❸1868（慶応4）年1月 鳥羽・伏見の戦い
- ❹1868（慶応4）年1月 富士山丸で江戸に戻る
- ❺1868（慶応4）年3月 甲陽鎮撫隊で甲州に出陣
- ❻1868（慶応4）年4月 流山で近藤が斬首
- ❼1868（慶応4）年4月 国府台で旧幕府軍に合流
- ❽1868（慶応4）年4月 宇都宮城の戦い
- ❾1868（慶応4）年8月 母成峠の戦い
- ❿1868（明治1）年10月 榎本艦隊に合流
- ⓫1868（明治1）年10月 蝦夷地に上陸

江戸末期～明治元年の土方歳三の動き

副長・土方歳三と新選組は旧幕府軍として戦う!

1868（慶応4）年1月の鳥羽・伏見の戦いから戊辰戦争が始まると、新選組は旧幕府軍として、薩摩藩（鹿児島県）や長州藩（山口県）を中心とした新政府軍と戦うことになりました。

新選組副長・土方歳三にとっては、ここから厳しい戦いが続いていきます。鳥羽・伏見の戦いに敗れた後、江戸に戻った新選組は、甲州勝沼（山梨県）に出陣しますが、新政府軍に再び敗れます。

ボクらが帰ったあとじつは大きな戦いがあったんだね

160

会津若松城の古写真。新選組の砲撃を受け、屋根がガタガタになるなど、かなりの部分が損傷を受けていることがわかる

写真提供：会津若松市

局長・近藤勇が捕らえられ土方ら新選組は会津へ！

江戸では、新政府側と旧幕府側との話し合いにより、江戸城を新政府側に明け渡すことが決まりました。

新選組は下総国流山（千葉県）で出直そうとしますが、局長・近藤勇が捕らえられ、のちに処刑されてしまいます。

土方ら新選組は、旧幕府軍の最後の砦ともいえる会津に入ります。しかし会津藩も、

サムライの意地！土方歳三の最後の戦い

1カ月にわたる新政府軍の攻撃に耐えましたが、とうとう降伏しました。

土方ら新選組は最後まで新政府軍と戦うことを決意し、旧幕府の海軍副総裁だった榎本武揚らと合流して、蝦夷地（北海道）の箱館（函館）に入ります。ここが旧幕府軍と新政府軍の最後の戦いの場所となりました。

土方ら新選組はよく戦いましたが、新政府軍の銃弾により土方が戦死すると、もはや抵抗する力はなくなり、榎本らは降伏。

こうして1869（明治2）年、戊辰戦争は終わりました。

> 土方さん……。旧幕府側で最後まで戦ったんだな

箱館戦争図
新政府軍は、鋼鉄製装甲を持つ最新式の軍艦等を用いて、海と陸の両方から箱館市街を攻撃して制圧した

市立函館博物館蔵

161

政治にふりまわされた皇女 和宮

婚約者と別れて将軍の妻になる

大老の井伊直弼が殺され、幕府の力が弱まっていた頃、幕府は朝廷との結びつきを強めて（公武合体）、日本の政治を安定させようと働きかけました。その切り札として孝明天皇の妹・和宮が、幕府の14代将軍・徳川家茂の妻に迎えられました。

じつは和宮は、喜んで将軍の妻になったのではありません。和宮には婚約者がいましたが、婚約者と別れて、日本のために将軍の妻になったのでした。

日本のために将軍の妻になります

前将軍の妻・天璋院（篤姫）とバトル

こうして江戸城の大奥（将軍の妻などの女性たちが暮らす場所）に入った和宮ですが、今までの京での公家の暮らしと武家の暮らしは、習慣やしきたりなどが違います。天皇の妹というプライドもあり、武家風の生活を受け入れられない和宮は、前将軍の妻で大奥のトップ・天璋院と対立してし

和宮（1846～1877年）
仁孝天皇の第8皇女で、孝明天皇の妹。17歳の時に14代将軍・徳川家茂と結婚。幕府の滅亡後は京都で暮らすが、まもなく東京にもどり、32歳で亡くなった。

幕末の徳川家を支えた武家の姫

篤姫

徳川家を支えていきます

篤姫（1836 ～ 1883年）
薩摩藩主・島津家の一族の娘で、13代将軍・徳川家定の妻となった。家定の没後、出家して天璋院と名乗った。

篤姫と和宮の対立の始まり

江戸城内で、篤姫（天璋院）と和宮が初めて会った時、篤姫は上座（上位の場所）で敷物に座って迎え、和宮は下座の畳にじかに座りました。天皇の妹である和宮はこれを無礼と感じ、篤姫との対立が始まったといいます。しかし、武家の習慣では、前将軍の妻（姑）が上座に座るのは当然で、篤姫にすれば無礼なつもりはなかったのです。

徳川家のために和宮と力を合わせる

篤姫と和宮はやがて仲良くなれましたが、残念ながら幕府は滅亡しました。その後、新政府軍が徳川家を滅ぼそうと江戸城に進軍を始めると、篤姫と和宮は力を合わせて、徳川家の存続のための嘆願書を差し出しました。この嘆願書のおかげもあり、新政府軍の江戸城攻めはなくなったのです。

女同士の戦いもあったのね

昔の江戸城は、現在は皇居。江戸幕府が倒れた後の1869（明治2）年、明治天皇が入り、それ以来皇居になった

写真：朝日新聞社

まいます。でも和宮は、優しい夫・家茂に救われました。次第に和宮の心はほぐれ、将軍の妻らしく振る舞えるようになると、天璋院とも仲良くなれたのです。

ただ、公武合体は結局うまくいきませんでした。夫の家茂と兄の孝明天皇が続けて亡くなってしまったのです。そして倒幕運動は激しさを増していき、幕府は倒れることになるのです。

オレたち幕末の
サムライの
話をもっと
知りたいかい？

【もとは裕福な医者の子だった 桂小五郎】

桂小五郎（木戸孝允）は長州藩の裕福な医者の家に生まれました。つまり、もとは武士ではなく、8歳の時に隣の武士の家の養子になって、武士の身分を手に入れることができたのです。

また、桂は生まれた家が裕福だったためか、お金にはあまりこだわりがありませんでした。お金を盗まれても平気だったり、仲間や貧しい人にお金をよくあげたりもしていたそうです。

【型にはまらない男 高杉晋作】

高杉晋作は型にはまらない男でした。藩の許可も得ず、勝手にオランダの蒸気船を買う契約を交わしたり、身分制度がはっきりしていた時代に、身分に関係なく入隊できる西洋式の軍隊・奇兵隊をつくったり、みんなが制服を着ている中、自分だけ着流しで軍艦に乗り込んで指揮を執ったり……。

そんな高杉は、外国の言いなりになっている弱気な幕府を倒して、新しい世をつくりたいと思っていましたが、幕府が大政奉還をする半年前、病気によって29歳でこの世を去りました。

【10匹以上も犬を飼っていた 西郷隆盛】

西郷隆盛はたいへんな犬好きで、自宅で犬を10匹以上も飼い、犬の世話をする専門の人を雇っていたそうです。また、「いい犬がいる」と聞けば大金を払ってその犬を譲り受け、自分の馬や由緒正しい名刀をお礼に贈ることもあったといいます。

上野公園の西郷隆盛の銅像。幕末の人物で写真を残した人は多いが、西郷は写真を撮らなかった。この銅像が完成して除幕式に呼ばれた妻・いとは、「主人はこんな人ではない」と言ったという

写真：朝日新聞社

【短い間しか使われなかった 新選組のだんだら羽織】

袖口に白い山形をあしらった新選組の制服は「だんだら羽織」と呼ばれています。とても有名な羽織ですが、この羽織が制服に使われていたのは1年ちょっとの期間だけでした。新選組が有名になるにつれ、だんだら羽織では目立ちすぎて、倒幕派の捜索にはかえって邪魔になってしまったことが理由のようです。

確かにこの羽織は目立つかもな

【新選組局長・近藤勇の面白い特技】

新選組局長・近藤勇は口がたいへん大きく、口に自分の握りこぶしを出し入れできたといいます。これは安土・桃山時代に活躍した武将・加藤清正もできたといわれます。清正は豊臣秀吉のけらいから、肥後国（熊本県）の大名になった武将ですが、近藤は「清正のように出世したい」ということから、まねをしていたそうです。

【日本初の新婚旅行に出かけた 坂本龍馬】

危険人物として幕府に目をつけられていた坂本龍馬。龍馬は京都の旅館・寺田屋で幕府の役人に襲われ、ケガを負いながらもなんとか逃げました。この時、まっさきに龍馬に異変を伝えたのは、寺田屋で働いていた恋人のお龍です。

その後、龍馬はお龍と結婚し、ケガの療養もかねて、鹿児島方面に約80日間の温泉旅行に出かけました。当時は男女が一緒に旅行することも珍しく、この旅行は日本初の新婚旅行ともいわれています。

龍馬とお龍が登った、霧島山の頂上に立つ「天の逆鉾」。龍馬が姉の乙女に出した手紙には、龍馬とお龍が「逆鉾をエイヤと引き抜いてしまい、すぐ元に戻した」と書かれている。ちなみに現在の逆鉾はレプリカとのこと

写真：朝日新聞社

幕末の話はこれでおしまい！別の時代で、また会おうね！

幕末（江戸時代末）～明治時代初め 年表

江戸時代

1833年	1837年	1853年	1854年	1858年	1860年	1862年	1863年

1833年　天保の飢饉が起こる（～1839年）

1837年　幕府の元役人・大塩平八郎が大坂で乱を起こす

1853年　アメリカの使節・ペリーが黒船に乗って日本にやってくる

1854年　日米和親条約が結ばれる（下田と箱館の2港が開かれる）

1858年　日米修好通商条約が、朝廷の許可なしに結ばれる

　　　　安政の大獄が始まる（～1859年。大老・井伊直弼が尊王攘夷派を処刑する）

1860年　桜田門外の変（井伊直弼が尊王攘夷派に暗殺される）

　　　　坂下門外の変（14代将軍・徳川家茂と和宮〈孝明天皇の妹〉の結婚をすすめた老中・安藤信正が襲われる）

　　　　徳川家茂と和宮が結婚する

1862年　生麦事件（薩摩藩の行列を乱したイギリス商人が殺される）

　　　　浪士組（のちの新選組）が結成される

1863年　長州藩外国船砲撃事件（長州藩がアメリカ、フランス、オランダの船を砲撃する）

　　　　薩英戦争（薩摩藩がイギリスと戦うが、和解する）

　　　　八月十八日の政変（長州藩と朝廷の尊王攘夷派が京都から追放される）

明治時代			
1868年	1867年	1866年	1864年

1864年
- 幕府が神戸海軍操練所を設置する
- 池田屋事件（京都で、新選組が長州藩の尊王攘夷派を襲う）
- 禁門の変（京都で、長州藩の尊王攘夷派が反乱を起こすが失敗する）
- 四国艦隊下関砲撃事件（長州藩がイギリス、フランス、アメリカ、オランダの船から砲撃される）
- 第1次長州征討（長州藩が幕府に攻められ、降参する）

1866年
- 薩長連合が成立する
- 第2次長州征討（幕府が長州藩を攻めるが、失敗する）
- 世直し一揆が各地で起こる
- 人々が「ええじゃないか」と叫んで熱狂するさわぎが各地で大流行する

1867年
- 王政復古の大号令（天皇の政治に戻すことが宣言される）
- 大政奉還（15代将軍・徳川慶喜が政権の返上を表明する）

1868年
- 戊辰戦争が始まる（～1869年。旧幕府軍が新政府軍と戦って敗れる）
- 五箇条の誓文（新政府の政治の方針が示される）
- 江戸が東京と改められ、年号が明治に変わる

監修	河合敦
編集デスク	大宮耕一、橋田真琴
編集スタッフ	泉ひろえ、河西久実、庄野勢津子、十枝慶二、中原崇
シナリオ	十枝慶二
コラムイラスト	相馬哲也、中藤美里、横山みゆき、イセケヌ
コラム図版	平凡社地図出版
参考文献	『早わかり日本史』河合敦著 日本実業出版社／『詳説 日本史研究 改訂版』佐藤信・五味文彦・高埜利彦・鳥海靖編 山川出版社／『図解雑学 沖田総司と新選組隊士』河合敦著 ナツメ社／『日本史リブレット人 70 木戸孝允──「勤王の志士」の本音と建前』一坂太郎著 山川出版社／『CG 日本史シリーズ 19 高杉晋作と長州藩』双葉社／『CG 日本史シリーズ 23 黒船と幕末動乱』双葉社／「週刊マンガ日本史」32〜36 号 朝日新聞出版／「週刊新マンガ日本史」36〜38 号 朝日新聞出版

※本シリーズのマンガは、史実をもとに脚色を加えて構成しています。

幕末へタイムワープ

2018 年 3 月 30 日　第 1 刷発行
2024 年 3 月 10 日　第 9 刷発行

著　者	マンガ：もとじろう／ストーリー：チーム・ガリレオ
発行者	片桐圭子
発行所	朝日新聞出版
	〒104-8011
	東京都中央区築地5-3-2
	編集　生活・文化編集部
	電話　03-5541-8833（編集）
	03-5540-7793（販売）

印刷所　株式会社リーブルテック

ISBN978-4-02-331671-3

本書は 2016 年刊『幕末のサバイバル』を増補改訂し、改題したものです

落丁・乱丁の場合は弊社業務部（03-5540-7800）へ
ご連絡ください。送料弊社負担にてお取り替えいたします。

Ⓒ2018 Motojiro, Asahi Shimbun Publications Inc.
Published in Japan by Asahi Shimbun Publications Inc.